Juan Alberto Echeverry N.

Cinco piedras

que obstaculizan tu

bendición

Bogotá, D. C.

8ª Edición

© **Juan Alberto Echeverry N.**
Email: j_echeverry@hotmail.com
          virtel28@latinmail.com
Cel.: 313 2084788
Bogotá, D.C., Colombia

Pedidos:
Colombia: Móvil: 313 208 4788
USA: 954 380 7549
USA: Móvil: 954 636 0482

LUPITAS
Tienda de Articulos
Religiosos y Regalos
Tel.(574) 220-9399

ISBN: 978-958-44-4939-9

Imprimatur
Con licencia eclesiástica de Abril de 2013, concedida
por +Monseñor Héctor Julio López Hurtado, Obispo
de Girardot, Cundinamarca, Colombia

Preprensa e impresión:
Editorial Kimpres S.A.S.
PBX: 413 6884 - Fax: 290 7539
www.kimpres.com
Bogotá, D.C., Colombia
Febrero de 2016

Agradecimiento

Por encima de todas las cosas, la gracia de tener esta obra en las manos es únicamente dádiva de Dios, quien es el dueño de toda la creación, junto con sus hijos y la inspiración que colocó en sus corazones para hablarle al mundo de sus promesas y testimonios que hacen que nuestro caminar hacia la eternidad, sea aún más firme y llevadero.

Gracias a usted, hermano lector, por tener en su corazón, a través de la lectura, la sed de encontrar caminos de bendición que armonicen su vida y la de quienes le rodean, porque sin usted, no tendría sentido escribir para ningún otro ser, ya que sólo el hombre ha sido la máxima expresión del amor de Dios.

Contenido

Prólogo

Una de las reflexiones que más se escucha en las habitaciones de consejería espiritual, tanto a personas de reconocida trayectoria de oración, como a personas con reciente proceso de conversión, es que, aparentemente todo lo que hemos hecho en la vida es bueno o creemos que desde que nos hemos acercado al Señor hemos procedido bien, pero aún así no encontramos respuesta a nuestras peticiones, deseos o necesidades, o no recibimos las que creemos que son las bendiciones que deberían llegar a nuestra vida. Escuchamos sentencias como las siguientes:

■ ¡Si Dios dice que pidamos y yo le pido, ¿Por qué no me responde?!

■ ¡He intentado todas las maneras de oración y petición y no veo respuestas!

■ ¡Definitivamente me cansé de pedir!

■ ¡Parece que yo no existo para Dios!

■ ¡Ya estoy por creer que Dios no existe!

■ ¿Por qué Dios le responde a otros y a mí no me responde?

Pero haciendo un importante recorrido por la Palabra de Dios, analizando la vida de los grandes hombres de la Biblia y también mirando las enseñanzas de Jesús, nos podemos dar cuenta que son muchísimos los errores que estamos cometiendo en nuestra vida que hacen que se aten las bendiciones que Dios ha tenido preparadas para nosotros y no las recibamos, o las echemos a perder.

En los siguientes capítulos vamos a tratar este tema, donde cada lector podrá descubrir porqué no llegan las bendiciones de Dios, y en qué puede estar fallando concretamente para que no se den las cosas que pide o necesita.

Capítulo 1

La queja

Es común encontrarse con personas que a menudo se están quejando por la vida que les tocó, por su pareja, por los padres que tienen, por el empleo en el que están, por la carrera que escogieron, por los hijos que tienen, por el colegio o la universidad en que estudian, por las enfermedades que padecen, por el color o la marca del auto que compraron, por el gobierno que ejerce en su país, por los impuestos, por el vecindario, por los servicios, por el frío o el calor, por el tráfico pesado, por el físico con el que nacieron; en fin, por todas las cosas que acontecen a su alrededor, y se quejan por lo menos unas veinte o treinta veces al día por cualquier razón. Son esa clase de personas con las que es muy incomodo encontrarse, porque parece que lo único que saben hacer es quejarse por todo en la vida, no tienen una perspectiva positiva de nada y siempre son portadoras de malas noticias; de noticias desalentadoras; siempre están sembrando dudas. Son todas aquellas personas que tienen la última noticia del atraco o el robo en alguna parte, o hablan de la crisis del medio ambiente o de cualquier cosa negativa en su vida, incluso muchas veces son cazadores de profecías de destrucción a futuro. Se han pasado al territorio oscuro y sombrío del maligno, le han creído todas sus mentiras y se han dejado manejar por todas sus elucubraciones, haciendo crecer en su interior una densa enredadera de maleza espiritual, que los hace esclavos de la amargura, pues el mayor placer del maligno es hacer infelices a todas las personas creadas por Dios.

Observemos el comportamiento de una persona cuando sale de una oración o de una jornada de culto o vivencia espiritual llámese vigilia, alabanza, adoración, congreso, misa etc… Acaba de decirle a Dios que va a poner toda su confianza en Él y tan pronto se encuentra con un amigo en la calle o con un familiar, comienza a quejarse de la situación que está viviendo, y vuelve a revivir los episodios que ha pasado, quejándose con dolor de no obtener solución, esperando que esa persona a la que le cuenta, le pueda dar la solución que Dios no ha sido capaz de darle. Acaba de decirle a Dios con sus labios que sí cree, que sí confía, pero no lo hizo con su corazón; o es tal la magnitud del vicio de la queja arraigado en su corazón, que tan pronto sale del lugar y tiene la oportunidad de quejarse, vuelve a hacerlo sin ningún reparo. Parece que la oración y las promesas que oyó y que hizo, no sirvieron para nada.

En el libro: *De las virtudes y de los vicios* de Concepción Cabrera de Armida, en uno de sus capítulos nos habla del silencio interior y de la murmuración interior y nos dice que de nada sirve callar exteriormente, si en nuestro interior estamos murmurando, censurando y revolviendo. La mayoría de las personas que tienen inclinación a la queja, comienzan en su interior a murmurar o a juzgar una situación en forma negativa o con falta de fe, hasta que finalmente lo exteriorizan con sus labios y llegan a contaminar a otras personas, buscando una asociación a sus negativos pensamientos. De otra parte, tenemos personas que aunque no son promotoras del negativismo, se dejan contaminar con gran facilidad de las malas noticias de otros; a pesar de que tienen momentos de especial sensatez, se enfrascan en actitudes negativas por espacios de tiempo. Es pues necesario romper con la cadena del pesimismo y combatirla con la fe, la cual se alimenta con la oración particular y especialmente con la oración comunitaria.

La queja es un odioso círculo vicioso, que es como una semilla que sale de nuestros labios, crece, se reproduce y da como fruto el nefasto resultado que habíamos temido. Haciendo que reconfirmemos nuestros pensamientos negativos, para poder justificar, que somos víctimas y, en el fondo, que verdaderamente Dios no es capaz de bendecirnos, lo cual vuelve a hacer su aparición en el siguiente episodio de adversidad en nuestra vida.

Hemos clamado al cielo, pidiendo un sinnúmero de bendiciones que consideramos contribuirían a la felicidad y el bienestar de nuestra vida y de las personas que nos rodean. Durante un tiempo el Señor ha permitido que conquistemos pequeñas victorias que si las capitalizamos, nos habrán de servir para conquistar las grandes metas de la vida. No obstante, nos olvidamos rápidamente de esas pequeñas victorias cuando nos enfrentamos a circunstancias que consideramos difíciles desalentándonos con facilidad frente a ellas.

Narra la palabra de Dios que el pueblo de Israel estaba por su propia culpa esclavizado en Egipto y Dios observó la aflicción de su pueblo, y tuvo misericordia de él; pensó en sacarlo de esa esclavitud y llevarlo a una tierra, como dice la escritura, donde la leche y la miel corren como ríos:

"Los egipcios esclavizaron cruelmente a los israelitas. Les amargaron la vida sometiéndolos al rudo trabajo de preparar lodo y hacer adobes, y de atender a todos los trabajos del campo. En todo esto los israelitas eran tratados con

crueldad". *"Cuando el Señor vio que Moisés se acercaba, lo llamó desde la zarza: ¡Moisés!! Moisés! -Aquí estoy – contestó Moisés. Entonces Dios le dijo: no te acerques. Descálzate, porque el lugar donde estás es sagrado. Y añadió: Yo soy el Dios de tus antepasados. Soy el Dios de Abraham, de Isaac y Jacob. Moisés se cubrió la cara pues tuvo miedo de mirar a Dios pero el Señor siguió diciendo: claramente he visto cómo sufre mi pueblo que está en Egipto. Los he oído quejarse por culpa de sus capataces y sé muy bien lo que sufren. Por eso he bajado para salvarlos del poder de los egipcios; voy a sacarlos de ese país y a llevarlos a una tierra grande y buena, donde la leche y la miel corren como el agua. Es el país donde viven los cananeos, los hititas, los amorreos, los ferezeos, los heveos y los jebuseos. Mira he escuchado las quejas de los israelitas y he visto también que los egipcios los maltratan mucho. Por lo tanto, ponte en camino, que te voy a enviar ante el faraón para que saques de Egipto a mi pueblo, a los israelitas." (Ex 3, 7-10)*

Esa tierra a la que Dios se refería que llevaría a los israelitas, distaba de Egipto a unos tres meses de camino, tiempo en el cual, si bien es cierto, haría de esta experiencia, una travesía no tan fácil, pero tampoco demasiado extensa; culminando con la grandeza, la tranquilidad y la comodidad de tener una tierra propia y sin esclavitudes de ninguna naturaleza.

Sin embargo, desde los comienzos de la salida de Egipto, muchos de los israelitas comenzaron a quejarse incluso antes de cruzar el Mar Rojo, por la suerte que correrían. Se quejaron a causa de la falta de agua en el desierto, de la falta de pan y de carne, en múltiples ocasiones, a pesar de ver la gloria de Dios a través de los milagros que Dios mismo hizo por intermedio de Moisés, de abrir el Mar Rojo en dos, endulzar el agua amarga, hacer brotar agua de la roca, llover maná sobre la tierra cada día y hacer venir carne de codornices sobre el campamento, siguieron desconfiando hasta el punto de dudar de la divina providencia, sobre la gran promesa de la tierra prometida. Era tal la presión de la queja y las dudas, que hicieron incluso dudar a Moisés, quien accedió a enviar 12 espías para inspeccionar la tierra que heredarían, lo cual hizo que la gran misericordia de Dios permitiera que el pueblo de Israel se purgara durante 40 años de todo sentimiento de desconfianza, pesimismo y falta de fe, en contra de un Dios que se la juega toda por sus hijos sin escatimar ningún esfuerzo por buscar su bienestar eterno:

"Cuando salimos de Horeb, nos dirigimos a los montes de los amorreos obedeciendo así las ordenes del Señor nuestro Dios. Recorrimos todo aquel grande y terrible desierto que ustedes vieron, hasta que llegamos a Cadesbarnea. Allí les dije: "Ya hemos llegado a los montes de los amorreos, que el Señor nuestro Dios nos da. El Señor, el Dios de ustedes, les entrega esta tierra. Adelante, pues, y ocúpenla tal como ha dicho el Señor, el Dios de sus antepasados. No tengan miedo ni se desanimen". Pero ustedes vinieron a decirme: "Será mejor que algunos de nosotros se adelanten y exploren ese país, y que luego regresen a decirnos qué camino debemos seguir y en qué ciudades debemos entrar".

Lo que ustedes propusieron me pareció bien, y entonces escogí a doce de ustedes, uno de cada tribu, los cuales se encaminaron hacia la región montañosa y llegaron al valle de Escol y recorrieron toda la región. Después tomaron frutos de aquella tierra y nos los trajeron, con este informe: "La tierra que el Señor nuestro Dios nos da es magnífica". Pero ustedes no quisieron ir, sino que desobedecieron la orden que el Señor nuestro Dios les había dado, y en sus casas se pusieron a murmurar y a decir: "El Señor no nos quiere; nos sacó de Egipto, tan sólo para ponernos en manos de los amorreos y acabar con nosotros. Y ahora, ¿A dónde vamos a ir? Nuestros compatriotas dicen que allí hay gente más poderosa y alta que nosotros, y grandes ciudades rodeadas de altísimas murallas, y que hasta vieron descendientes del gigante Anac. Todo eso nos ha desanimado por completo".

Entonces yo les respondí: "No se alarmen. No les tengan miedo. El Señor su Dios marcha al frente de ustedes y combatirá por ustedes, tal como vieron que lo hizo en Egipto y en el desierto. El Señor su Dios los ha tomado en sus brazos durante todo el camino que han recorrido hasta llegar a este lugar, como un padre que toma en brazos a su hijo". Sin embargo ustedes no confiaron en el Señor su Dios, el cual iba delante de ustedes para escoger el lugar donde debían acampar. De noche les señalaba con fuego el camino que tenían que seguir, y de día se lo señalaba con una nube.

Cuando el Señor oyó las murmuraciones de ustedes, se enojó mucho, e hizo este juramento: "Ni una sola persona de esta mala generación verá la buena tierra que prometí dar a sus antepa-

sados. Hare excepción con Caleb, hijo de Jefone; él sí la verá, y a él y a sus descendientes, les daré la tierra donde pongan el pie, por haber seguido con toda fidelidad al Señor".

"Y por culpa de ustedes, el Señor se enojó conmigo y me dijo: Tampoco tú entrarás en esa tierra". (Dt 1, 19-37)

El Señor entregó la tierra prometida a Caleb y a Josué, porque a pesar de haber visto los gigantes, creyeron con fe en su poder.

Es cuestión de Actitud, es caminar en fe a pesar de las circunstancias; es no rendirnos antes de dar la pelea, confiando en que alguna solución providencial nos ayudará en el momento oportuno.

Lo importante no es pedir aquello que se adolece, y la falta de los irraelitas no fue pedir agua o comida en el desierto, cuando no se tenía nada; lo grave fue la manera como lo pidieron. Aquella queja en forma de reclamo, de falta de fe, de desagradecimiento, que lleva incluido un vicio de murmuración, traición, ira y desconfianza, que ofende la voluntad de cualquier bienhechor. Es esa manera de quejarnos por todo, aunque muchas veces no lo hagamos con los labios, lo hacemos en nuestra mente y en nuestro corazón. Comenzamos a murmurar interiormente y vamos dejando que esas murmuraciones internas vayan creciendo, cada vez con palabras de mayor calibre, descalificando las circunstancias porvenir y de cierta manera la forma como Dios está trabajando en nuestra vida. Creemos que Dios no hace las cosas bien para nuestra vida, o por lo menos creemos que si estuviera a nuestro alcance hacer algo, lo haríamos mejor de lo que Dios mismo lo está haciendo. La falta de fe y la duda, nos hacen ver los problemas como inmensos gigantes imposibles de vencer.

El problema es que miramos las cosas desde nuestra óptica, y no desde la óptica de Dios, queremos seguir luchando con nuestras propias fuerzas y se nos olvida que las fuerzas de Dios son más poderosas que las nuestras. Yo te pregunto: ¿Cuáles son los gigantes que no te dejan ver el poder de Dios en tu vida? ¿Por qué no confías de una vez por todas en el poder y la soberanía de Nuestro Dios? ¿No crees que Dios tiene el poder para ayudarte en esa loable meta que anhelas? ¿Será que es muy difícil pensar lo que pensó David cuando se enfrentó a los filisteos, diciendo que esa guerra no era contra los israelitas, sino contra los ejércitos del Dios viviente?

La queja es el ruido más desagradable que podemos emitir desde nuestro corazón, es como el ruido que hacen dos metales oxidados cuando se rozan de manera violenta. Es muy desagradable escuchar las quejas injustificadas de tantas personas, que aún teniéndolo todo, van por el mundo gritando, maldiciendo y vociferando toda clase de frases venenosas y desalentadoras.

Es sencillo ver lo que hace la queja:

Cierto padre de familia se afana por darle a sus hijos lo mejor, y planea llevarlos en su automóvil a unas vacaciones de verano en la playa. Desde que salen de su casa, comienzan sus hijos a quejarse de lo largo del viaje, por la incomodidad del automóvil, por el calor, por el frío, se quejan de la comida; en fin, de todo cuanto van experimentando en ese viaje, al punto que ese padre amoroso termina por molestarse con sus hijos y aplica una corrección, pensando que en verdad no merecen tener el beneficio de los planes que tenía para su familia. Su corazón de padre tiene cierto sentimiento de frustración y a la vez de indignación, inclinándose a pensar en no premiar o ministrar las dádivas que tiene a su alcance para sus hijos.

Lo mismo le sucedió a gran parte del pueblo de Israel, Dios tenía para ellos muchas bendiciones para su vida, pero para llegar a esa tierra prometida, era necesario pasar de la esclavitud de Egipto al desierto, para luego llegar a esa tierra prometida donde manaba la leche y la miel. Así mismo sucede con nosotros, hemos clamado al cielo y le hemos pedido a Dios que nos bendiga, que envíe sobre nosotros toda clase de bendiciones, y Él en su inmensa misericordia, sabiduría y amor, nos comienza a limpiar de tantas cosas que no nos dejarían ser felices con las bendiciones que nos va a dar, pero tan pronto como comienza su trabajo en nosotros, comenzamos a quejarnos mostrando así nuestra desconfianza en su poder. Queremos que sea a nuestra manera y no a la de Él, nos olvidamos de esa palabra que dice:

"Todo sucede para el bien de quienes le aman." (Romanos 8,28)

La queja y la impaciencia a menudo explotan en un acto de soberbia, que culmina con un odio o rechazo de Dios. Las personas que a pesar de no recibir en el tiempo y la manera los beneficios que ellos quisieran, esperan con humildad y paciencia, ellos verán tarde o temprano su mayor bien, el mayor bien que Dios les tenía preparado. ¿Cuántas bendiciones hemos perdido en nuestra vida, por causa de nuestra queja?, ¿Cuántas tierras prometidas nos hemos perdido en nuestra vida, por vivir

31

quejándonos y lamentándonos por todo (Por el pasado, por lo que pudimos haber hecho y no hicimos, por lo que tal o cual persona nos hizo, en fin, por tener una permanente actitud de lamento y amargura, y no de esperanza, oración y fe? ¿Cuántas festividades de fin de año, vacaciones o planes hemos dañado por quejarnos?. Seguramente le hemos hecho la vida imposible a muchos de los que nos rodean y a nosotros mismos, haciendo pataletas de inmaduros, que son como una bomba que cuando explota, salpican a todos a su alrededor.

Examinemos esta maravillosa palabra que el Señor inspiró a Jeremías, en la que se muestra la humildad y la paciencia ante las adversidades, y te invito a que hagas tuya esta oración en momentos de dificultad, estoy seguro que será un arma poderosa contra la tentación de la queja:

"Recuerdo mi tristeza y soledad, mi amargura y sufrimiento; me pongo a pensar en ello y el ánimo se me viene abajo. Pero una cosa quiero tener presente y poner en ella toda mi esperanza:

El amor del Señor no tiene fin, ni se han agotado sus bondades. Cada mañana se renuevan; ¡qué grande es su fidelidad! y me digo: ¡el Señor lo es todo para mí; por eso en Él confío!

El Señor es bueno con los que en Él confían, con los que a Él recurren.

Es mejor esperar en silencio a que el Señor nos ayude. Es mejor que el hombre se someta desde su juventud.

El hombre debe quedarse solo y callado cuando el Señor se lo impone; debe, humillado, besar el suelo, pues tal vez, aún haya esperanza; debe ofrecer la mejilla a quien le hiera y recibir el máximo de ofensas.

El Señor no ha de abandonarnos para siempre. Aunque hace sufrir, también se compadece, porque su amor es inmenso. Realmente no le agrada afligir ni causar dolor a los hombres". (Lamentaciones 3, 19-33)

Silenciar la boca de toda queja y de toda murmuración es una actitud de valientes, de personas que confían en su Dios y que esperan el auxilio que viene de Él.

La queja a la que me refiero también tiene que ver con la hipocresía. El manejo de ciertas relaciones, con personas con las cuales compartimos recibiendo de ellas favores o invitaciones de cualquier índole, como fiestas, cenas, vivienda temporal o vacaciones; y después de un tiempo cuando estamos sin ellas comenzamos a murmurar o a hablar de sus defectos, a quejarnos de las cosas que aparentemente nos hicieron o nos dejaron de hacer. Hemos recibido de Dios una dádiva a través de sus favores, y aunque sean imperfectos, fue Dios quien nos ministró el favor a través de ellos y aún así, comenzamos a compartir con otros las que consideramos son sus faltas, sin haber sido capaces de decirles a ellos nada. Así mismo es esa manera de hablar en forma satírica o irónica que lleva en sí una queja molesta en contra de aquello de lo que se está hablando. Es ese veneno de raíz amarga que va creciendo, hasta contaminar toda nuestra mente y nuestro proceder. Estamos en el fondo quejándonos de nuestro Dios que hizo a esa persona o a esa circunstancia defectuosa, en vez de tratar de descubrir qué bendición o qué enseñanza tiene Dios para nosotros a través de esa situación. Razón tiene Nuestro Señor cuando dice que nada de lo que entra en el cuerpo contamina al hombre, sino lo que sale del corazón del hombre es lo que lo contamina:

"Luego Jesús llamó a la gente, y dijo:

—Escúchenme todos, y entiendan: Nada de lo que entra de afuera puede hacer impuro al hombre. Lo que sale del corazón del hombre es lo que lo hace impuro." (Mar 7:14-15)

Yo te pregunto: ¿te has fijado cuántas veces te quejas al día? Quizá no has llevado la cuenta, pero si pones atención, son muchas las quejas que a diario hacemos. Haz un propósito de cambiar tu queja por bendición, y verás cómo se transforma en bendición tu vida.

Testimonio

Hace más de ocho años, conocí a una mujer que llegó a nuestra comunidad de oración con una pena grande en su corazón debido a la infidelidad de su esposo, lo que además lo llevó a abandonar el hogar. Aquella noche de su visita, tras analizar los pormenores de su situación, comenzamos un proceso de oración que mostraba el regreso de su esposo al hogar. Después de esa noche de oración y de obtener la promesa de bendición de Dios, ella siguió visitando de manera asidua la comunidad, pero en cada visita, lo único que salía de sus labios era un lamento profundo, con comentarios desobligantes referentes a su esposo y a la persona con la que se fue. Reiteradamente le hice conocer aquel texto del evangelio que dice que hay que bendecir a nuestros enemigos y orar por ellos, pero a ella parecía no tocarle esta palabra. Con el pasar del tiempo, me enteraba de las agresiones que ella recibía por parte de ellos y así mismo de las agresiones que ella misma contestaba. Cada día que pasaba, con sus quejas y agresiones alejaba más a su esposo del hogar. Pasados más de 6 años, un buen día su esposo me llamó y me dijo que necesitaba hablar conmigo, y cuando tuvimos la oportunidad de encontrarnos, me hizo escuchar una grabación de un mensaje que había dejado ella en su celular, con las palabras más soeces y los gritos más ensordecedores, que mostraban el veneno que salía de su corazón. Lo doloroso de esto es que ya han pasado más de 8 años desde que la conozco, y aún sigue quejándose de cada cosa. No sólo de las cosas relacionadas con su esposo y la amante, sino que también se queja de su trabajo, de sus hijos, de las empleadas que trabajan con ella, del auto y de todas las personas que tienen que ver con ella en su diario vivir. Ha hecho de su infierno de vida un largo y tortuoso camino, que seguramente con paciencia, bendición y oración, ya habría terminado hace mucho tiempo.

Oración

Dios padre de amor en el nombre de tu amado hijo Jesucristo, te pido me regales el don del Espíritu Santo, para que mis palabras sean inspiradas por Ti.

Ven Espíritu de Dios y penetra en mi mente y mi corazón. Entra en mi vida y llénala de tu presencia, ayúdame a limpiar mi corazón de todo aquello que me aparta de la gracia Divina.

Padre misericordioso, me acerco a ti, pidiéndote perdón por toda queja que ha salido de mis labios y mi corazón, desconfiando de Ti en medio de cada situación difícil que he vivido, en los caminos que tu has permitido que yo recorra. Yo sé que en tu perfectísima voluntad, quieres lo mejor para mi vida y mi salvación y me apena que en mi rebeldía, no colaboro contigo en la obra de la salvación. Por los méritos infinitos de la Pasión, Muerte y Resurrección de Nuestro Señor Jesucristo, te pido que no me tengas en cuenta los pecados de murmuración que he cometido, quejándome de la familia donde nací, el lugar que me has dado para vivir, o mi propio cuerpo, y en fin de todo aquello que me rodea por lo cual me haya quejado, y te pido me permitas fortalecer la fe, a fin de recibir todas las gracias y bendiciones que tienes guardadas para mi vida, para mi familia y para mi descendencia, las cuales por algún motivo yo he obstaculizado.

Hoy declaro que tu eres mi único y verdadero Dios Santísima Trinidad Padre,

Hijo y Espíritu Santo y a partir de éste momento me abandono totalmente a ti, confiando en tu perfecta voluntad y dándote gracias por todo aquello que has hecho en mi vida, por cada oportunidad de crecimiento espiritual, intelectual, moral, afectivo, físico y material. Te pido me Regales la oportunidad de reparar cualquier pecado que haya cometido contra ti y a disfrutar con sabiduría de todas las bendiciones que me has de regalar. Te alabo y te bendigo por tu grandeza y por tu amor

Amén.

Quiero dejarte como tarea: intenta cambiar la queja por paciencia y alabanza para que alcances las anheladas bendiciones que vienen de Dios.

Capítulo 2

La desobediencia

> **En otra ocasión decido construir y hacer crecer una nación o un reino. Pero si esa nación hace lo malo, y desatiende mis advertencias, entonces ya no le envío los beneficios que les tenía preparados". (Jer 18, 9-10)**

La desobediencia es otra gran piedra que obstaculiza la bendición de Dios. Es común ver que en nuestra vida espiritual, nos dejamos llevar por un tinte de tibieza que hace que no experimentemos el verdadero poder de esas bendiciones.

Nuestra conversión nace con una gracia especial del Espíritu Santo, a la cual le abrimos las puertas la gran mayoría de las veces por medio de una tribulación o un flagelo de cualquier orden, ya sea una enfermedad, un accidente, una decepción amorosa, un secuestro, la muerte de un familiar, una crisis económica, una depresión, etc. Pero una vez hemos pasado la etapa de la difícil prueba, que es como un episodio de esos que el pueblo de Israel tuvo en el desierto, en el que el Señor finalmente le concedió la solución en medio de cada dificultad, retomamos algunas actuaciones de nuestro pasado que no son agradables a la luz de los ojos de Dios. (La solución en sí, en medio de la dificultad, no era la tierra prometida, sino un peldaño en la carrera hacia esa tierra donde mana la leche y la miel como ríos).

Una vez hemos experimentado esa alegría de la conversión, y hemos dejado la mayoría de nuestras flaquezas o miserias espirituales, o por lo menos las que consideramos más vergonzosas, mantenemos en ocasiones algunas cosas que definitivamente no estamos dispuestos a renunciar. Cada lector sabe con precisión a qué cosas me refiero, porque cada uno de nosotros tiene de aquellas cosas que nos cuesta más trabajo renunciar: un rencor con alguien, un vicio de cualquier orden (tabaco, licor, juego, etc.), sexualidad desenfrenada o desordenada, gula, pornografía, adulterio, ambición, vanidad, mentira, incluso aquellas que consideramos mentiras piadosas y, en fin, un sinnúmero debilidades que no dejamos del todo. Con mucha frecuencia, hemos conseguido una pequeña victoria y nos regresamos al pasado, volviendo a revolcarnos en el fango de algunas de las miserias que teníamos, de las cuales nos sacó el Señor.

A veces somos muy deportivos en nuestro proceso de conversión y probamos a la

Divina Providencia creyendo que el poco bien que hacemos, basta y sobra para mantener nuestras conductas desordenadas. Como dice San Pablo, vamos anestesiando la conciencia sin darnos cuenta que tenemos muchísimas conductas desordenadas y, con el pasar de los días, nos preguntamos: ¿Por qué será que no recibo tal o cual bendición? ¿Por qué será que no me llegan esas promesas que se me hicieron en tal oración?

El pueblo de Israel, había contado con la bendición de Dios y había logrado vencer a muchos de sus enemigos, no obstante en una circunstancia específica, Dios le dio una instrucción, que uno de sus soldados no obedeció, e hizo perder la bendición:

"Pero un miembro de la tribu de Judá, que se llamaba Acán y era hijo de Carmín, nieto de Zabdi y bisnieto de Zara,

tomo varias cosas de las que estaban consagradas a la destrucción, con lo cual todos los israelitas resultaban culpables ante el Señor de haber tomado lo que él había ordenado destruir. Por eso la ira del Señor se encendió contra ellos.

Josué había mandado unos hombres desde Jericó, para que fueran hasta Hai, que estaba al oriente de Betel, cerca de Betavén, con órdenes de explorar la región. Ellos fueron y exploraron a Hai, y al volver le dijeron a Josué: "No hace falta que todo el pueblo ataque Hai, pues dos o tres mil hombres son suficientes para tomar la ciudad. No mandes a todo el pueblo, pues los que defienden la ciudad son pocos."

Así pues, unos tres mil hombres subieron para atacar Hai. Pero los de Hai los derrotaron y los hicieron huir; mataron como a treinta y seis israelitas, y a los demás los persiguieron desde las puertas de la ciudad hasta las canteras, y en la bajada los destrozaron. Por esta razón la gente se desanimó y perdió el valor.

Josué y los ancianos de Israel rasgaron sus ropas y se echaron polvo sobre la cabeza en señal de dolor; luego se inclinaron ante el cofre del señor tocando el suelo con la frente, hasta la caída de la tarde. Y decía Josué: ¡Ay, Señor!¡ ¿Para qué hiciste que este pueblo pasara el río Jordán? ¿Acaso fue para entregarnos a los amorreos, y para que ellos nos destruyeran? ¡Ojalá nos hubiéramos quedado al otro lado del Jordán! ¡Ay Señor! ¿Qué puedo decir, ahora qué los israelitas han huido de sus enemigos? Los cananeos y todos los que viven *en la región se van a enterar de lo que ha pasado, y nos atacarán juntos, y no quedará de nosotros ni el recuerdo. ¿Qué será de tu gran nombre?*

Y el Señor le contestó:

Levántate. ¿Qué haces ahí, en el suelo? Los israelitas han pecado, y han roto el pacto que yo hice con ellos. Tomaron de las cosas que debieron ser destruidas; las robaron sabiendo que hacían mal, y las han escondido entre sus pertenencias. Por eso los israelitas no podrán hacer frente a sus enemigos. Tendrán que huir de ellos, pues ahora los israelitas mismos merecen ser destruidos. Y si ustedes no destruyen pronto lo que ordené que se destruyera, no estaré más con ustedes. Levántate y convoca al pueblo. Diles que se preparen para presentarse mañana delante de mí, por que yo, el Señor y Dios de Israel, digo así: 'Tú, Israel, has tomado lo que debió ser destruido por completo, y mientras no lo destruyas y lo eches fuera de ti, no podrás hacer frente a tus enemigos. 'Mañana preséntense todos por tribus, y la tribu que yo señale presentará a cada uno de sus clanes; el clan que yo señale presentará a cada una de sus familias, y la familia que yo señale presentará a cada uno de sus hombres. Y el que tenga en su poder lo que debió ser destruido, será quemado con su familia y todas sus posesiones, por haber hecho una cosa indigna en Israel y no haber cumplido el pacto del Señor". (Jos 7, 1-15)

Es muy importante saber que en este texto, como siempre, no sólo están las consecuencias de la desobediencia de nosotros los hombres como pueblo consagrado a Dios, sino que también está la inmensa misericordia de Dios que nos invita a la conversión y a la reparación de nuestras culpas para enderezar nuestras vidas y esperar recibir verdaderamente las bendiciones que vienen de Él. En este punto vale la pena que nos hagamos varias preguntas en un acto de humildad: ¿He desobedecido a Dios? ¿Qué cosas estoy haciendo que no son agradables a los ojos de Dios y que están obstaculizando mi bendición? ¿Acaso he vuelto a ser soberbio, orgulloso, altivo, indolente, perezoso, lujurioso, vanidoso, mentiroso, ingrato, malgeniado, avaro, ambicioso o pernicioso? Y yo te pregunto: ¿Vale la pena seguir obstaculizando las bendiciones de Dios y revolcándonos en la postración, por no ceder en algo que verdaderamente está afectando tu propia vida, la de tu familia y seguramente la de otros? ¿Por qué no tomar la decisión radical de morir a aquello que ata nuestra vida y seguramente la de nuestra familia? Te invito para que analices tus comportamientos especialmente aquellos que te hacen caer, tal vez será ese genio que hace que nadie te pueda hablar en el hogar, o la pereza que no te deja emprender caminos de bendición, en fin cada uno sabe realmente qué puede estar afectando su vida.

¡No esperes más!. Haz un inventario de tus actos y piensa en hacer una alianza de cambio con Dios, y te aseguro que las bendiciones tarde o temprano llegaran sin ninguna duda a tu vida.

Testimonio

Cierto día conocí un amigo, que llegó a la comunidad de oración, en un estado bastante deplorable en su vida. Su familia desintegrada, su economía totalmente resquebrajada, su autoestima por el piso. En fin, con una tristeza, desesperación y desolación profunda. Comenzamos el proceso de conversión y oración, y paulatinamente se fue restaurando todo en su vida, comenzó a desarrollar un incipiente negocio, que fue creciendo. Recuperó a su esposa y a sus hijas, las cuales había perdido por su infidelidad, alcoholismo y su soberbia. Ya se encontraba en una situación de franca recuperación.

Un buen día comenzó a fallar a la oración, porque argumentaba que su negocio había crecido tanto, que ya no tenía tiempo para dedicarse a la oración. Así las cosas, experimentó de nuevo la abundancia económica, lo que hizo que retomara sus viejas andanzas. Lleno de soberbia humana, volvió a faltarle a su esposa y a derrochar el dinero orgullosamente en cosas superfluas, hasta que un día la economía del sector en que se desenvolvía su negocio, tuvo un importante revés y nuevamente perdió todo su capital, junto con las bendiciones que Dios le había regalado.

El Señor es muy claro en el Nuevo Testamento cuando en el episodio de la sanación del paralítico de Betzata le dice que no peque más para que no le suceda algo peor:

"Algún tiempo después los judíos celebraban una fiesta, y Jesús volvió a Jerusalén. En Jerusalén, cerca de la puerta llamada de las ovejas hay un estanque que en hebreo se llama Betzata. Tiene cinco pórticos, en los cuales se encontraban muchos enfermos, ciegos, cojos y tullidos echados en el suelo. Había entre ellos un hombre que estaba enfermo desde hacía treinta y ocho años. Cuando Jesús lo vio allí acostado y se enteró del mucho tiempo que llevaba así, le pregunto:

¿Quieres recobrar la salud?

El enfermo le contestó:

Señor, no tengo a nadie que me meta en el estanque cuando se remueve el agua. Cada vez que quiero meterme, otro lo hace primero.

Jesús le dijo:

Levántate, recoge tu camilla y anda.

En aquel momento el hombre recobró la salud, recogió su camilla y comenzó a andar. Pero como era día de reposo, los judíos dijeron al que había sido sanado:

Hoy es día de reposo, no te está permitido llevar tu camilla.

Aquel hombre les contestó:

El que me devolvió la salud, me dijo:

Recoge tu camilla y anda.

Ellos le preguntaron:

¿Quién es el que te dijo: Recoge tu camilla y anda?

Pero el hombre no sabía quién lo había sanado, porque Jesús había desaparecido entre la mucha gente que había allí.

Después Jesús lo encontró en el templo y le dijo:

Mira, ahora que ya estás sano, no vuelvas a pecar, para que no te pase algo peor". (Juan 5, 1-14)

Este texto que acabo de citar nos ilumina aún más fuerte esta idea con la frase conclusiva de Jesús: *Mira, ahora que ya estás sano, no vuelvas a pecar, para que no te pase algo peor".* No obstante, hay que notar que este hombre llevaba la módica suma de

38 años atado a una camilla, y Jesús lo único que le dijo fue: levántate, toma tu camilla y anda, así que Jesús contó con la voluntad del que estaba postrado; obviamente obró un milagro de misericordia sobre el paralítico, pero ante todo contó con la voluntad de él. Es muy importante entender que para enderezar nuestro camino, lo primero que tenemos que hacer es poner de nuestra parte, activar nuestra voluntad y emprender el camino de la rectificación. Con esto no estoy diciendo que sea una cosa fácil, pero es necesario contar con una voluntad férrea, para salir de cualquier inclinación que esté obstaculizando nuestra bendición. Para esto es que el Señor nos envió el don del Espíritu Santo, para que recibamos sus frutos, dentro de los cuales se encuentra el **dominio propio:**

"En cambio, lo que el Espíritu produce es amor, alegría, paz, paciencia, ama-

bilidad, bondad, fidelidad, humildad y dominio propio. Contra tales cosas no hay ley." (Gal 5, 22-23)

Así que no hay que esperar más sino orar y pedir a Dios la gracia del Espíritu Santo y tomar la decisión de cambiar, y te aseguro que Dios obrará el milagro en tu vida.

Desafortunadamente la naturaleza pecadora de nosotros los hombres nos arrastra a la mediocridad aún en el camino espiritual, es por eso que cada día necesitamos el auxilio del Espíritu Santo al que Jesús mismo llama el abogado, el consolador, el paráclito, el que nos guiará a toda verdad.

Otras veces aparentemente, Dios permite que en nuestra vida sucedan circunstancias difíciles, porque de alguna manera no hemos corregido nuestras propias actuaciones y, a pesar de que muchos digan que Dios no castiga, Dios si corrige a sus hijos para su bien, como lo corroboraremos en esta palabra que se describe a continuación:

Heb 12:1 *Por eso, nosotros, teniendo a nuestro alrededor tantas personas que han demostrado su fe, dejemos a un lado todo lo que nos estorba y el pecado que nos enreda, y corramos con fortaleza la carrera que tenemos por delante.*

Heb 12:2 *Fijemos nuestra mirada en Jesús, pues de él procede nuestra fe y él es quien la perfecciona. Jesús soportó la cruz, sin hacer caso de lo vergonzoso de esa muerte, porque sabía que después del sufrimiento tendría gozo y alegría; y se sentó a la derecha del trono de Dios.*

Heb 12:3 *Por lo tanto, mediten en el ejemplo de Jesús, que sufrió tanta contradicción de parte de los pecadores; por eso, no se cansen ni se desanimen.*

Heb 12:4 *Pues ustedes aún no han tenido que llegar hasta la muerte en su lucha contra el pecado.*

Heb 12:5 *y han olvidado ya lo que Dios les aconseja como a hijos suyos. Dice en la Escritura:*
«No desprecies, hijo mío, la corrección del Señor, ni te desanimes cuando te reprenda.

Heb 12:6 *Porque el Señor corrige a quien él ama, y castiga a aquel a quien recibe como hijo."*

Heb 12:7 *Ustedes están sufriendo para su corrección: Dios los trata como a hijos. ¿Acaso hay algún hijo a quien su padre no corrija?*

Heb 12:8   Pero si Dios no los corrige a ustedes como corrige a todos sus hijos, entonces ustedes no son hijos legítimos.

Heb 12:9   Además, cuando éramos niños, nuestros padres aquí en la tierra nos corregían, y los respetábamos. ¿Por qué no hemos de someternos, con mayor razón, a nuestro Padre celestial, para obtener la vida?

Heb 12:10 Nuestros padres aquí en la tierra nos corregían durante esta corta vida, según lo que les parecía más conveniente; pero Dios nos corrige para nuestro verdadero provecho, para hacernos santos como Él.

Heb 12:11 Ciertamente, ningún castigo es agradable en el momento de reci-

birlo, sino que duele; pero si uno aprende la lección, el resultado es una vida de paz y rectitud.

Heb 12:12 Así pues, renueven las fuerzas de sus manos cansadas y de sus rodillas debilitadas,

Heb 12:13 y busquen el camino derecho, para que sane el pie que está cojo y no se tuerza más.

Heb 12:14 Procuren estar en paz con todos y llevar una vida santa; pues sin la santidad, nadie podrá ver al Señor.

Heb 12:15 Procuren que a nadie le falte la gracia de Dios, a fin de que ninguno sea como una planta de raíz amarga que hace daño y envenena a la gente.

Oración:

Dios padre de Bondad, postro mi corazón ante ti, apelando a tu infinita misericordia, por los meritos de la Pasión, Muerte y Resurrección de Nuestro Señor Jesucristo, tu amadísimo Hijo.

El dulce Espíritu Santo que has enviado; muestre en mi corazón todo el mal que he obrado, ofendiendo tu santa voluntad, por lo cual siento vergüenza y te pido perdón de todo corazón. Hoy más que nunca quiero enmendar mis errores y te pido la gracia de poder caminar en santidad conforme a tus planes. Te pido perdón por los pecados de soberbia, egoísmo, ambición, sexualidad desenfrenada o desviada, impureza, fornicación, aborto o asesinato, adulterio, brujería, robo, murmuración, indiferencia, odio o *rencor, pereza, gula, vanidad, mentira, ira, división, en fin, todo aquello que he tenido oculto en mi interior que no he podido dejar y que está obstaculizando mi bendición. Hoy una vez más renuevo las promesas de mi bautismo de renunciar a toda obra de satanás en mi vida y me declaro por Cristo libre de toda atadura en mi vida, en la vida de mi familia y en la de toda mi descendencia. Te pido la gracia de que me des la perseverancia y me hagas permanecer en el camino del bien, para que no te ofenda ni siquiera con un leve pensamiento*

Amén.

La tarea en este capítulo es pedir al Espíritu Santo el dominio propio, la humildad y la mancedumbre para obedecer por encima de todo, los mandatos de Dios.

Capítulo 3

La duda

> *Si alguno de ustedes le falta sabiduría, pídasela a Dios, y Él se la dará; pues Dios da a todos sin limitación y sin hacer reproche alguno. Pero tiene que pedir con fe, sin dudar nada; porque el que duda es como una ola de mar, que el viento lleva de un lado a otro. Quien es así, no crea que va a recibir nada del Señor, porque hoy piensa una cosa y mañana otra, y no es constante en su conducta."* (Sg 1, 5-8)

La duda o la falta de fe es una conducta muy común en nosotros los seres humanos, pero es una conducta que en realidad ofende a Dios, ya que hace parecer como si Dios no tuviera el atributo de omnipotencia, es decir que todo lo puede. La duda es una debilidad del corazón, que genera en el ser humano un desgaste emocional de grandes proporciones, porque no le permite descansar, debido a la incertidumbre que a menudo vive. La duda en todos los campos de la vida es incómoda y en la mayoría de los casos es ofensiva. Yo te pregunto: ¿Te agrada que duden de ti? ¿Alguna vez, alguien dudó de que tú pudieras realizar alguna labor? ¿Cómo te sentiste? Seguro te dolió que desconfiaran de ti.

La duda es una esperanza truncada por un pensamiento negativo y pesimista, que hace que se obstaculicen muchos proyectos que traerían gran bendición.

Muchas veces dudamos que Dios nos regale bendiciones, porque creemos que la misericordia de Él es inferior a nuestro pecado, y creemos que no es posible que recibamos nada, porque nuestro pecado no es merecedor de nada. Otras veces dudamos de recibir esas bendiciones porque en ocasiones hemos pedido cosas que no se nos han dado, y creemos entonces que Dios no existe o que no quiere atendernos.

Las cosas que a veces le pedimos a Dios y no se nos dan, tienen varios matices; y entender la voluntad de Dios a veces es muy complejo, no obstante la persona que se caracteriza por una actitud de humildad, tiene la certeza en su corazón, que detrás de cada circunstancia difícil, Dios siempre tiene lo mejor para ella y espera con paciencia, pero sin dejar de hacer lo que tiene que hacer; sin embargo, si queremos entender un poco la voluntad de Dios, tenemos a nuestro alrededor espejos muy claros que nos hablan de esa voluntad, por ejemplo: cuando observamos un padre de familia, que ama a sus hijos y que quiere darles lo mejor; él habitualmente escucha las peticiones de sus hijos, y evalúa cuáles de ellas son necesarias, cuáles contribuyen mejor a su esparcimiento, cuáles a su formación, cuáles a su futuro económico y cuáles a su bienestar psico-afectivo, y toma la decisión de concederlas o negarlas. Si a un padre su hijo le pide un permiso para ir a divertirse en algún lugar en donde el vicio abunda, seguramente, a pesar de que su hijo no sea vicioso, no le dará el permiso, pero no porque el hijo tenga intenciones de comenzar una vida de vicio, sino porque él conoce la debilidad de su hijo y no quiere exponerlo a un riesgo de caer en la tentación; o si el padre vislumbra que existe un peligro que pueda afectar su seguridad tal vez no dará el permiso. Seguramente ese hijo se lamentará o se quejará por no obtener el permiso, pero él, en el fondo no entiende el gran amor y la adelantada visión de experiencia de su padre.

Otro ejemplo:

Un padre que ama a su hijo, y ve que él quiere jugar con una navaja que tiene en su mano, seguramente no le permitirá tener acceso a la navaja, aunque se revuelque, llore o haga pataleta de manera airada, porque él sabe que si accede a prestarle la navaja, podría herirse o hacer daño a otros.

En otra ocasión, un padre decide negar a su hijo algo que le pide, porque piensa que es necesario que él se esfuerce y aprenda que es necesario cuidar las cosas en la vida, y que cuando ellas se adquieren con esfuerzo se valoran más.

Con lo anterior no pretendo dar una excusa permanente a una negativa de las dádivas de Dios. Más bien quiero dar a conocer que es necesario ser humildes y confiar en la bendita voluntad de Dios, que quiere lo mejor para nosotros.

Así que, muchas veces pedimos cosas que no contribuyen para el bien nuestro, o no lo sabemos pedir acorde con la voluntad de Dios.

Revisemos esta Palabra:

"¿De donde vienen las guerras y las peleas entre ustedes? Pues de los malos deseos que siempre están luchando en su interior. Ustedes quieren algo, y no lo obtienen; matan, sienten envidia de algunas cosas, y como no las pueden conseguir, luchan y se hacen la guerra. No consiguen lo que quieren por que no se lo piden a Dios; y si se lo piden, no lo reciben porque lo piden mal, pues lo quieren para gastarlo en sus placeres. ¡Oh gente infiel! ¿No saben ustedes que

ser amigos del mundo es ser enemigos de Dios? Cualquiera que decide ser amigo del mundo, se vuelve enemigo de Dios. Por algo dice la Escritura: Dios ama celosamente el espíritu que ha puesto dentro de nosotros. Pero Dios nos ayuda más con su bondad, pues la escritura dice: Dios se opone a los orgullosos, pero trata con bondad a los humildes. Sométanse, pues, a Dios. Resistan al diablo, y este huirá de ustedes. Acérquense a Dios, y Él se acercara a ustedes. ¡Límpiense las manos pecadores! ¡Purifiquen sus corazones, ustedes que quieren amar a Dios y al mundo a la vez! ¡Aflíjanse, lloren y laméntense! ¡Que su risa se cambie en lágrimas y su alegría en tristeza! Humíllense delante del Señor, y Él los enaltecerá." (Sg 4, 1 – 10)

De estas reflexiones podemos decir que en primer lugar debemos pedir, en segundo lugar debemos pedir acompañados de la certeza de la perfecta voluntad de Dios en la petición, y si de otra parte estamos seguros que nuestra petición es loable y además contribuye a nuestra santidad y a nuestro mayor bien, entonces debemos estar seguros de que Dios nos concederá la petición:

Si a pesar de ello todavía dudamos en nuestro corazón porque creemos que no somos merecedores, o que Dios no nos va a conceder lo que le pedimos, entonces seguro no vamos a recibir nada.

Vamos a reafirmar esta idea con los dos siguientes textos de la palabra:

"Por eso les digo que todo lo que ustedes pidan en oración, crean que ya lo

han conseguido, y lo recibirán." **Mar 11:24**

Y revisemos esta otra Palabra:

"Pero ¡ay de los corazones cobardes y las manos perezosas! ¡ay de los pecadores que llevan una vida doble! ¡Ay de los corazones débiles, que no tienen confianza!

¡Dios no los protegerá!

¡Ay de los que no saben soportar con paciencia!

¿Qué harán cuando el Señor los ponga a prueba?"(Eclo 2, 11-14)

Sé que a estas alturas el lector podrá pensar que es muy difícil no tener momentos duros en que el maligno nos ataca con pensamientos de pánico, y que quiere como dice la palabra de Dios "Sacudirnos". Pero lo que estas palabras nos quieren decir es que aún a pesar de esos pensamientos de duda, debemos luchar en oración para fortalecer nuestra voluntad y así poder crecer espiritualmente y recibir las gracias o bendiciones que nos vienen de Dios.

Nuestro Señor nos dejó varias enseñanzas sobre la duda. Por ejemplo, veamos el episodio en que Pedro quiso caminar sobre el agua:

Mat 14:22 Después de esto, Jesús hizo que sus discípulos subieran a la barca, para que cruzaran el lago antes que Él y llegaran al otro lado mientras Él despedía a la gente.

Mat 14:23 Cuando la hubo despedido, Jesús subió a un cerro, para orar a solas. Al llegar la noche, estaba allí Él solo, Mat 14:24 mientras la barca ya iba bastante lejos de tierra firme. Las olas azotaban la barca, porque tenían el viento en contra.

Mat 14:25 A la madrugada, Jesús fue hacia ellos caminando sobre el agua.

Mat 14:26 Cuando los discípulos lo vieron andar sobre el agua, se asustaron, y gritaron llenos de miedo:
—¡Es un fantasma!

Mat 14:27 Pero Jesús les habló, diciéndoles:
—¡Calma! ¡Soy yo: no tengan miedo!

Mat 14:28 Entonces Pedro le respondió:
—Señor, si eres tú, ordena que yo vaya hasta ti sobre el agua.

Mat 14:29 — Ven — dijo Jesús.
Pedro entonces bajó de la barca y
comenzó a caminar sobre el agua
en dirección a Jesús.

Mat 14:30 Pero al notar la fuerza del viento,
tuvo miedo; y como comenzaba a
hundirse, gritó:
— ¡Sálvame, Señor!

Mat 14:31 Al momento, Jesús lo tomó de la
mano y le dijo:
— ¡Qué poca fe tienes! ¿Por qué
dudaste?" (Mat 14, 22-31)

Veamos varios elementos importantes
de esta narración:

En primer lugar, Pedro a pesar de su
duda, no fue condenado eternamente por
nuestro Señor, pero sí fue exhortado para
su corrección en el momento en el que

debía haber recibido la gran bendición de caminar sobre el agua.

Pedro tuvo más fe que los demás, porque él fue capaz de pedirle a Nuestro Señor que le permitiera ir hasta donde Él, y narra la Palabra que comenzó a caminar pero la duda no le permitió avanzar. Comenzar a caminar ya era un milagro importante, cosa que muchos de nosotros no hacemos en medio de los problemas, ni siquiera comenzamos a caminar en medio de ellos, sino que nos damos por vencidos antes de dar la batalla.

A Pedro le ganó la duda, porque quitó sus ojos del rostro del Señor que tal vez le decía: ¡Aquí estoy!, ¡sigue caminando hacia mí!; pero comenzó a mirar las dificultades y por supuesto hizo su aparición la duda, entrando por su mente y haciendo que su cuerpo comenzara a hundirse.

Pedro pidió y el Señor concedió, Pedro dudó y perdió la bendición de ese momento.

Seguro que para Pedro fue un importante aprendizaje.

Muchas bendiciones hemos perdido por nuestras dudas, a pesar de que hemos comenzado a percibir la mano de Dios a través incluso de una oración o una palabra de confianza de algún hermano.

Todo lo que nos pide Dios es que creamos:

"Pues no es posible agradar a Dios sin tener fe, porque para acercarse a Dios, uno tiene que creer y que recompensa a los que lo buscan." (Heb 11,6)

Oración

Amado Padre del Cielo, rindo mi co-razón a tus pies, seguro de alcanzar tu infinita misericordia, y en virtud de tu amor, pido me concedas la gracia de desarrollar la poca fe que tengo.

Haz que mis decisiones sean firmes y no vacilantes; que mis días tristes se vean iluminados por el sol de la esperanza y que con una mirada serena, pueda morir a toda vacilación y duda que el maligno quiera sembrar en mi pensamiento y mi corazón.

No permitas que yo sea presa del des-ánimo, y que en medio de los momentos más difíciles de mi vida, mi alma se consuele con el recuerdo de tus victorias, para alimentar mi esperanza y así pueda aprender a poner mi confianza no en mis fuerzas, sino el majestuoso poder de tu bondad.

Hoy decido morir a todo acto de duda que niegue tu auxilio y me levanto por encima de todas las vicisitudes en el nombre poderoso de nuestro Señor Jesucristo.

Amen.

Como tarea en este capítulo quiero que siempre frente a la duda, recuerdes las victorias que Dios ha permitido en tu vida y la de los que te rodean y, fijes tu mirada en el Rostro de Jesús, el cual se percibe estando embebidos en la oración: a mayor duda, mayor deberá ser tu oración.

Capítulo 4

La inconstancia

Es imprescindible hablar de la constancia en el tema de las bendiciones que nos vienen de Dios y que muchas veces no recibimos porque nos cansamos o somos inconstantes como consecuencia de la pereza, la falta de la fe, o el facilismo que nos impulsa a ver resultados rápidos en nuestra vida.

Usualmente somos personas que nos dejamos llevar por las emociones y pedimos cosas por impulso, por envidia o por orgullo propio, pero tan pronto vemos que el esfuerzo que hay que hacer, desacomoda nuestros planes, inmediatamente comenzamos a declinar en nuestro empeño. Hay personas que se pasan la vida de petición en petición, pero no tienen claro que la constancia en un propósito, es fundamental para madurar su llegada y poder disfrutar de la bendición después de una carrera de esfuerzo y constancia.

La palabra de Dios nos puede iluminar mejor esta idea:

Luc 18:1 *Jesús les contó una parábola para enseñarles que debían orar siempre, sin desanimarse.*

Luc 18:2 *Les dijo: «Había en un pueblo un juez que ni temía a Dios ni respetaba a los hombres.*

Luc 18:3 *En el mismo pueblo había también una viuda que tenía un pleito y que fue al juez a pedirle justicia contra su adversario.*

Luc 18:4   *Durante mucho tiempo el juez no quiso atenderla, pero después pensó: 'Aunque ni temo a Dios ni respeto a los hombres,*

Luc 18:5   *sin embargo, como ésta viuda no deja de molestarme, la voy a defender, para que no siga viniendo y acabe con mi paciencia.' «*

Luc 18:6   *Y el Señor añadió: «Esto es lo que dijo el juez malo.*

Luc 18:7   *Pues bien, ¿acaso Dios no defenderá también a sus escogidos, que claman a él día y noche? ¿Los hará esperar?*

Luc 18:8   *Les digo que los defenderá sin demora. Pero cuando el Hijo del hombre venga, ¿encontrará todavía fe en la tierra?*

En ésta primera enseñanza bíblica sobre la constancia en este capítulo del evangelio de Lucas, Nuestro Señor es bastante claro y enfático sobre la constancia en la oración ante las peticiones que nosotros los hombres hacemos a Dios. Cuando analizo las comunidades de oración en las que he estado, he observado cómo llegan ciertas personas necesitadas de algún favor divino, y generalmente llegan por una calamidad de cualquier orden, clamándole a Dios que les conceda el milagro que necesitan, pero pasadas unas semanas, al no ver el milagro, declinan en su propósito de oración, o van de comunidad en comunidad, para ver en cuál de ellas está más pronto la bendición, o lo peor, van de iglesia en iglesia o de denominación en denominación, o de secta en secta. Como dice Santiago, son inconstantes.

Sg 1:7   *No piense, pues, quien tal haga, que recibirá cosa alguna del Señor.*

Sg 1:8   *ya que es persona de doble ánimo e inconstante en todos sus caminos."*

Testimonio

Hace pocos días me llamó Claudia, una extraordinaria amiga de oración. La conocí en estos caminos de fe que el Señor coloca entre los que creen, y vi como poco a poco, ella se sumergía más en la oración. Toda su vida era transformada por la gracia del Espíritu Santo, tuvimos la oportunidad de compartir muchas experiencias de oración entre vigilias, retiros, ayunos y jornadas de alabanza. A pesar de que la conocí por una enfermedad de su hermana, ella no manifestaba su anhelo interior, pero ella en el fondo de su corazón le oraba fervientemente a Dios, pidiendo que le enviara un compañero a su vida, con el cual pudiera realizarse como mujer y esposa, y tras varios años de oración y perseverancia, Dios le concedió el anhelo de su corazón. Ella ahora vive en un país lejano, y en su llamada, me decía que era una mujer feliz, y que lo más importante es que allí no había terminado su devoción por Dios, sino que se había encendido más su amor por Él. La oración que Claudia hacía, no era una oración de desespero, sino una oración de confianza y constancia, hasta recibir su anhelada bendición.

Gloria a Dios

De otra parte, la constancia hace que recibamos las bendiciones temporales de este mundo, y además nos prepara para recibir la bendición eterna:

Ap 3:10   *Has cumplido mi mandamiento de ser constante, y por eso yo te protegeré de la hora de prueba que va a venir sobre el mundo entero para poner a prueba a todos los que viven en la tierra."*

La constancia se alimenta con la oración y con la lectura de la Palabra, es imposible ser constantes si no conocemos las bendiciones que Dios nos promete en su Palabra y también a través de la iglesia Con razón dice el profeta Oseas: "Por falta de conocimiento perece mi pueblo." Pablo nos dice en efesios que nos pongamos el casco de la salvación, es decir, que alimentemos la esperanza de la salvación en nuestro corazón leyendo la Palabra de Dios:

"Rom 15:4 Todo lo que antes se dijo en las Escrituras, se escribió para nuestra instrucción, para que con constancia y con el consuelo que de ellas recibimos, tengamos esperanza."

La constancia no sólo es necesaria para alcanzar logros espirituales, sino que también es una virtud necesaria para alcanzar logros en cualquier área de la vida; por ejemplo, no es posible ganar ninguna competencia deportiva sin ser disciplinados y constantes en el entrenamiento, así mismo para alcanzar un título profesional es necesario ser constantes en los estudios. Si el músico no es constante en sus ensayos, difícilmente puede conquistar victorias en su profesión. Ser constante es tener la capacidad de continuar a pesar de los fracasos, del cansancio, de la pereza, del tiempo, de la depresión, de las voces que desalientan y de todos los obstáculos que se nos presentan, aún de no ver cercanos los resultados esperados.

No obstante es Dios quien ministra la gracia de la constancia, y también en oración debemos pedírsela a Él para que seamos constantes en todos nuestros propósitos:

> *Y Dios, que es quien da constancia y consuelo, los ayude a ustedes a vivir en armonía unos con otros, conforme al ejemplo de Cristo Jesús, para que todos juntos, a una sola voz alaben al Dios y Padre de Nuestro Señor Jesucristo. (Rom 15: 5-6)*

Así que te pido que no sólo pidas a Dios, sino que también te esfuerces en ser constante, para que recibas todas las bendiciones que Dios tiene preparadas para ti. No te desanimes por pequeñas derrotas, sino sigue adelante con valor y entereza, porque Dios es fiel en sus promesas:

Heb 6:12 No queremos que se vuelvan perezosos, sino que sigan el ejemplo de quienes por medio de la fe y la constancia están recibiendo la herencia que Dios les ha prometido.

Cuenta la historia, que cierto hombre sintió un profundo llamado en su corazón a entrar en una catedral a tempranas horas de la tarde. No sabía por qué sentía ese llamado, pero cada vez que trataba de pararse e irse del lugar, sentía una voz que le decía: Espera, que quiero revelarte mi belleza.

Este hombre a pesar de su impaciencia e incredulidad pensando en que serían cosas de él, ya que no veía nada extraño en el ambiente, perseveraba en el lugar, hasta que, al caer la tarde comenzó a perder la paciencia observando las lúgubres formas que por la oscuridad proyectaban los cristales de aquel solitario lugar. Fue allí cuando tomo la decisión más firme de abandonar el lugar, pero al pararse, sintió un llamado aún más fuerte que le decía: tan sólo espera un poco más. Al paso de los minutos, repentinamente se encendieron las luces del exterior de la catedral, lo que encendió al interior del lugar el más hermoso colorido de luz que a través de los vitrales de las ventanas, dejaban percibir toda clase de reflejos que mostraban el más completo espectáculo de compañía, amor y seguridad que jamás había visto, y en medio de este espectáculo sintió la voz que le dijo: Hoy derramo sobre ti toda mi gracia, a partir de ahora, jamás volverás a estar triste ni a sentirte solo.

A veces nos pasa eso, abandonamos justo antes de recibir la bendición, de contemplar el mejor espectáculo de luces que Dios crea para nosotros.

Oración

Dios Padre eterno, tú que eternamente has sido constante en el propósito de la salvación del hombre, te pido me regales ese precioso don de la constancia, quien es paciente constructor de toda obra buena, para no fallarte en los retos que mi existencia exige, a fin de que siendo llamado por tu gran amor, persevere en las empresas temporales y con una mirada de eternidad, sea constante y fiel en el llamado eterno de mi corazón. Este precioso don lo clamo no sólo para mí, sino también para todos los míos, y para todas mis generaciones. Todo esto te lo pido Padre, por los infinitos meritos de la pasión y muerte de Nuestro Señor Jesucristo.

Amen.

Capítulo 5

La reparación

Hablar de quitar obstáculos a las bendiciones de Dios sin hablar de la reparación, sería como hacer lo más difícil, y dejar sin hacer lo más fácil ya que ésta es una de las condiciones más importantes para recibir las bendiciones de Dios. Y no es porque Dios nos lo imponga de esa manera, sino más bien es que, quien ha recibido el mensaje del evangelio en su corazón, lo ha asimilado y lo ha comenzado a vivir, necesariamente da como fruto el deseo profundo de reparar todo aquello que ha hecho mal.

En el capítulo en el que hablé sobre la desobediencia, tocamos el texto del pecado de Acán y vimos como el Señor da la oportunidad al pueblo de Israel, de que se busque al responsable de aquella desobediencia y que además se destruya todo lo que habían tomado sin el permiso del Señor. Entonces, después de hacer lo que el Señor mandó, Él volvió a acompañar a su pueblo, y a concederle la bendición de la victoria. Léase Josué Capítulo 8.

La reparación tiene que ver con arreglar o compensar a las personas que han resultado lesionadas, física, moral afectiva o espiritualmente por nuestra culpa. Cuanto más pronto reparemos, más pronto nos llegaran las bendiciones anheladas. Ahora bien, lo importante no es reparar con el interés que existe de recibir bendición, sino más bien con el corazón contrito y a la vez henchido del poderoso amor de Dios que siempre obra en justicia.

En realidad, no es posible pasar por la vida dañando a las personas y a las cosas, y luego en un acto de oración, decir sólo lo siento y continuar como si nada hubiera pasado. Es común ver en personas que tienen un falso proceso de conversión, actuar de ésta manera, porque su corazón no ha sido movido a misericordia con los que han sufrido por su culpa.

El verdadero proceso de conversión, hace que en el concepto de reparación, se experimente prisa por reparar, y la persona sólo consigue descansar cuando ha alcanzado la meta de la reparación, lo cual le representa un gozo que no tiene comparación con ninguna meta material alcanzada. Hace sentir al alma reparadora, un alivio que descarga sus cargas emocionales y espirituales principalmente.

Revisemos este hermoso pasaje del evangelio:

"Jesús entró en Jericó y comenzó a atravesar la ciudad.

Vivía allí un hombre rico llamado Zaqueo, jefe de los que cobraban impuestos para Roma.

Este quería conocer a Jesús, pero no conseguía verlo porque había mucha gente y Zaqueo era pequeño de estatura.

Por eso corrió adelante y, para alcanzar a verlo, se subió a un árbol cerca de donde Jesús tenía que pasar.

Cuando Jesús pasaba por allí, miró hacia arriba y le dijo:

—Zaqueo, baja en seguida, porque hoy tengo que quedarme en tu casa.

Zaqueo bajó aprisa, y con gusto recibió a Jesús.

Al ver esto, todos comenzaron a criticar a Jesús, diciendo que había ido a quedarse en la casa de un pecador. Zaqueo se levantó entonces y le dijo al Señor:

—Mira, Señor, voy a dar a los pobres la mitad de todo lo que tengo; y si le he robado algo a alguien, le devolveré cuatro veces más.

Jesús le dijo:

—Hoy ha llegado la salvación a esta casa, porque este hombre también es descendiente de Abraham.

Pues el Hijo del hombre ha venido a buscar y salvar lo que se había perdido."(Lc 19, 1-10)

Observemos en esta narración, que Zaqueo a pesar de su pecado, cuando tuvo ese maravilloso encuentro con Jesús, su corazón se llenó de un gozo rebosante, haciendo que le llegara la plena claridad a su mente, y en un momento de intensa reflexión pudo descubrirse tan sucio, que el dulce Espíritu Santo le mostró el camino que debía seguir, exaltando en su boca la palabra *"voy a dar a los pobres la mitad de todo lo que tengo; y si le he robado algo a alguien, le devolveré cuatro veces más."* Fijémonos que Jesús no le hizo ninguna exigencia, sino que él mismo en su proceso de conversión, sacó de su interior el acto justo de la reparación, iluminado por el Espíritu Santo, es por eso que el señor dice que el Espíritu nos guiará a toda verdad. Una vez Zaqueo tomó la decisión de reparar, Jesús le bendijo con la frase: *Hoy ha llegado la salvación a esta casa, porque este hombre también es descendiente de Abraham.*

Otro ejemplo de reparación, es cuando una persona ha cometido el pecado de aborto y luego en su proceso de conversión, no solamente no vuelve a cometer este horrible pecado, sino que se esfuerza por hablar y trabajar en pro de la vida, persuadiendo a otras mujeres para que no lo hagan. Dedica su vida a trabajar con mujeres que tienen la intención de abortar.

Así mismo, existen muchas insinuaciones en el evangelio sobre la reparación, por ejemplo es el caso del discurso de Juan el Bautista en el desierto cuando invita a la conversión, lo hace acompañado de frases como: El que tenga dos capas, entréguele al que no tiene. De igual forma, en el sermón de la montaña, el Señor, nos invita, a que arreglemos las cosas con nuestros deudores, antes de que nos lleven al juez.

Pensemos que las bendiciones que una persona necesita recibir, no sólo son económicas, sino también son de compañía, afecto, salud, paz, bienestar, etc. Porque alguien podría estar pensando en otra persona que no reparó económicamente a alguien, y se le ve cada vez más prospera económicamente, pero lo más seguro es que en otra área de su vida necesita intensamente una bendición que no le ha llegado, justamente porque no ha reparado con humildad el daño que cometió. Quien piensa que no tiene la necesidad de reparar, pudiéndolo hacer, comete pecado de soberbia.

Existen miles de formas de reparación. Por ejemplo usted le hizo daño a una persona que nunca más volvió a ver, pero el Espíritu hace que usted se acuerde de ello, y le coloca el deseo en su corazón de reparar aquello que hizo, pero sabe que nunca más puede volver a ver a esa persona, entonces usted puede hacer una obra de caridad con otra persona que necesite su auxilio. He tenido la experiencia en oración que si uno le pide al Señor que le coloque la forma de reparar sus faltas, Él se encarga de hacer que la oportunidad de reparación se dé.

Por ejemplo para pecados externos en los que alguien ha salido perjudicado, es muy efectivo el dar limosna, también llevar ofrendas a la iglesia y en fin poder dar de lo que se tiene, no de lo que sobra. La reparación, necesariamente exige un sacrificio, algo que nos cuesta, pero que al final nos hace sentir muy bien.

"El dar limosna hace que muchos pecados sean perdonados." (Ecles. 3,30)

Para pecados de castidad o pecados de la lengua, orgullo, pereza y otros, es muy conveniente hacer actos de reparación con ayunos y oraciones, así mismo con mortificaciones, absteniéndose de disfrutar de cosas que nos gustan mucho.

La oración es otro importante acto de reparación, especialmente cuando no es posible reparar de otra manera, por ejemplo en el segundo libro de los macabeos en el capítulo 14, Judas Macabeo y sus acompañantes hicieron un una oración por los soldados que se hallaban en pecado y fueron muertos en combate.

La principal oración que la Iglesia hace por sus fieles y también por sus difuntos, es la celebración de la eucaristía.

En el libro de María Simma, se nos habla especialmente del poder que tienen las eucaristías para la reparación de los pecados y especialmente para liberar almas del purgatorio.

Testimonio

Conocí el caso de una hermana de comunidad que una vez tuvo una desavenencia económica con una entidad, y el Espíritu, le mostró que debía pagar dicho dinero en justicia, para reparar su pecado. Durante muchos meses ella estuvo sacándole el cuerpo al pago de esa deuda, y de manera sistemática se le veía con angustia económica. En cierta ocasión nos contó que un día le había llegado un dinero que no esperaba, pero que a su vez tenía unas necesidades en su hogar, que si utilizara ese dinero para ello, le vendría de maravilla, sin embargo ella tomó la decisión de arreglar su cuenta pasada, y cuenta que desde ese momento, la abundancia económica no se hizo esperar. Cuenta que el día que pagó ese dinero a la entidad, es como si se hubiera roto una cadena pesada que ataba su vida, testimoniando que todo comenzó a cambiar.

Oración

Dios padre de amor, hoy me postro en tu presencia en el nombre de nuestro Señor Jesucristo, reconociendo mi debilidad y mi pecado. Te pido de todo corazón que por medio del dulce Espíritu Santo, pueda yo recordar y entender qué cosas y a quieénes debo reparar por haber obrado el mal, consciente o inconscientemente en mi vida, para que tu bendición siempre me acompañe. Ahora que te siento en lo más íntimo de mi corazón estoy dispuesto(a) a hacerlo con alegría y desprendimiento. Así mismo te clamo me coloques la manera de reparar mis culpas ahora que todavía me regalas el don de la vida, para que no llegue el

día en que me llames a tu presencia,
cuando ya nada pueda hacer.

Padre Santo confío en que en tu infinita
misericordia me concederás la gracia de
la reparación.

Amén.

La tarea en el capítulo de **La repara-ción,** deberá ser pedir al Espíritu Santo
que te ilumine para hacer una lista de
todos los actos que en tu vida necesitan
reparación y comiences a enmendar uno
a uno, practicando obras de caridad y
pidiéndole perdón a quien sea necesario,
para ir borrando de tu lista los actos
reparados.

Conclusión

Dios tiene para cada uno de sus hijos, abundantes bendiciones en el cielo y en la tierra. Bendiciones temporales (económicas, afectivas, materiales, profesionales etc.) y bendiciones eternas (Salvación, plenitud, gozo y alabanza).

El ser humano se pierde de vivir la grandeza de las bendiciones temporales que harán su vida más llevadera y nutrida de gozo, por arrastrar el grave vicio de la queja.

La naturaleza pecadora del ser humano, lo inclina siempre hacia la desobediencia, pero con la recta intención del corazón, y con la ayuda del Espíritu Santo, podemos clamar el don del dominio propio, para no caer en la desobediencia, que da como resultado, el privarnos de grandes bendiciones que cambiarían radicalmente nuestras vidas.

La Duda es otro de los obstáculos que truncan la llegada de nuestras decisiones, pero la fuente divina de la oración nos ayuda a apartar toda clase de dudas y falta de fe, para poder recibir el fruto de nuestro clamor.

La inconstancia, nos hace perder importantes victorias, por abandonar el camino, justo antes de que fuéramos a recibir la bendición. Siendo constantes, no sólo recibiremos bendiciones temporales, sino que principalmente recibiremos las bendiciones eternas.

La reparación es otro aspecto fundamental en la vida del cristiano, y cuando oramos y pedimos la iluminación del Espíritu Santo, es posible tener la plena tranquilidad que debemos reparar todo acto negativo del pasado y también podemos llenarnos del gozo necesario para hacerlo de una manera espontánea y decidida, a fin de que se rompan las duras cadenas, que no nos dejan recibir las bendiciones que Dios tiene preparadas para nosotros.

Fin

Otras obras del Autor

- ❖ Matrimonio, no martirio
- ❖ Sanando la depresión
- ❖ Camino a la prosperidad
- ❖ Venza los temores
- ❖ Refresca tu oración
- ❖ Siete motivos para ser feliz
- ❖ La conquista del Espíritu
- ❖ Cómo diezmar para ser bendecido
- ❖ Cómo discernir la voluntad de Dios
- ❖ ¿Infidelidad?
- ❖ Cómo tener un negocio bendecido
- ❖ La brujería no es un juego
- ❖ Al Servicio de Dios
- ❖ Cuando Dios llama al corazón
- ❖ Las películas de mi mente
- ❖ Una oración para cada ocasión
- ❖ Una reflexión para cada ocasión
- ❖ Si es posible sanar
- ❖ Una reflexión para cada ocasión 2
- ❖ ¿Riqueza o Pobreza? Tú decides
- ❖ Cómo tener una familia bendecida
- ❖ Las tres etapas claves en la educación de los hijos